FFYDD A BYWYD

CW01574545

PRIODAS

LONA ROBERTS

GWASG PANTYCELYN

NEWYDD DDYWEDDÏO?

RHYW FEDDWL Y BYDDWCH YN PRIODI CYN BO HIR?

EICH MERCH/MAB YN SÔN AM WNEUD?

WEDI BOD YN CYD-FYW ERS TIPYN AC YN YSTYRIED PRIODI?

Mae 'ngharlad i'n Fenws
Mae 'ngharlad i'n fain,
Mae 'ngharlad i'n dlysach
Na blodau y drain,
Fy ngharlad yw'r lanaf
A'r dlysa'n y tir,
Nid canmol yr ydwyf
Ond d'wedyd y gwir.

WEDI CAEL CYMAR NEWYDD AR ÔL YSGARIAD AC YN YSTYRIED AILBRIODI?

YN PRIODI WEDI BLYNYDDOEDD ODDI AR COLLI'CH GŴR NEU'CH GWRAIG GYNTAF?

Mae degau o resymau dros eisiau trefnu priodas a chamu i berthynas sy'n golygu cant a mil o bethau gwahanol i bob math o bobl. All rhai ohonom ni ddim dychymygu peidio bod mewn perthynas â pherson o'r rhyw arall. Wedi'r cwbl, mae'n cymdeithas ni wedi'i threfnu i raddau helaeth ar gyfer cyplau.

Mae 'cwympo mewn cariad' yn ddyhead oddi ar o ni'n blant ac oedolion y teulu wedi tynnu coes a chilwenu ddigon ynghylch rhyw 'gariad' neu'i gilydd.

"All you need is love, love, love. Love is all you need".

Dyna ddywedodd y Beatles, a 'dyw'r emosiwn sy'n codi ynom wrth wylio carwriaeth rhwng Richard Gere a Julie Roberts yn 'Pretty Woman' ddim yn gyfyngedig i unrhyw oed na safle na maint na siâp. Pan ganodd Brian Adams 'Everything I do I do it for you', yr oedd miliynau yn gwybod neu'n dyheu am y profiad o lwyr garu ac ymroi i un preson yn arbennig. Canodd Wet Wet Wet am 'Love is all around' a mo'yn ei brofi'r ŷm ninnau.

Ac yn ein hisymwybod bron y mae 'love and marriage go together like a horse and carriage'.

Peth ffein yw llaeth a syfi,
Peth ffein yw siwgr candi,
Peth ffein yw myned wedi'r nos
I stafell glos i garu.

Wrth gicio a brathu
Mae cariad yn magu.

WRTH BARATOI I BRIODI, GOFYNNWCH:

◆ Ydw i'n lico'r person? Ie. Nid ydw i'n ei garu ond ydw i'n ei hoffi?

◆ Oes gyda ni rywbeth yn gyffredin ar wahân i fwynhau bod gyda'n gilydd?

◆ Ydw i'n parchu'r person yma? Ydw i'n siarad yn fach amdano wrth ffrindiau ac yn mwynhau chwerthin am ei ben?

◆ Ydym ni'n gallu siarad â'n gilydd am bethau sy'n golygu lot i ni fel unigolion a chael cydymdeimlad?

◆ Ydym ni'n gallu trystio'n gilydd? Nid dim ond ar lefel rhyw ond gyda'n teimladau a'n hofnau?

◆ Ydym ni'n gallu helpu'n gilydd i chwerthin am ben ein syniadau hunan-bwysig ni?

◆ A ninnau'n dwlu gymaint ar ein gilydd, fydd lle i ffrindiau a theulu y llall yn y dyfodol?

◆ Fydd yna le i garu person bach arall swnllyd a ddaw, falle, i rannu'n bywyd?

A CHITHAU WEDI PENDERFYNU PRIODI, RHAID DEWIS SUT FATH O BRIODAS SYDD I FOD, BETH I'W WISGO, BLE I'W CHYNNAL HI A PHA FATH O WLEDD SYDD I'W THREFNU. NID OES BELLACH GYFYNGIADAU AR BLE Y CEWCH GYNNAL GWASANAETH PRIODAS. TRAFODWCH Y MATER GYDA'R COFRESTRYDD LLEOL.

> A anghofia geneth ei thlysau, neu briodasferch ei rhubanau?
>
> Jeremeia 2:32

DILLAD Y BRIODFERCH

HI YW BRENHINES Y DYDD ARBENNIG HWN. Arfer gymharol ddiweddar yw gwisg wen laes a dywedai y ddiweddar Dr. Kate Roberts mai dynwared teulu brenhinol Lloegr a wneir. Cyn dyfodiad y peiriant gwnïo yng nghanol y bedwaredd ganrif ar bymtheg, cyfrifid dillad i'w gwisgo un waith yn unig yn wastraff a phriodi yn eu dillad gorau a wnâi'r merched.

Ffrog wen neu hufen sydd yn boblogaidd bellach i briodas gyntaf a honno hyd at y migwrn. Wrth briodi mewn capel neu eglwys dilynir yr arfer o guddio'r corff o'r gwddf i'r traed er bod rhai yn dewis defnydd 'see through' o'r frest i'r gwddf. Mater o ddewis personol yw dewis ffrog i achlysur mor bwysig â hwn. Mae 'lace' yn boblogaidd am ei fod yn hardd, yn gain a drud .
Cedwir steil a lliw y ffrog yn gyfrinach fel bo ymddangosiad y briodferch yn destun syndod ar ddydd ei phriodas. Am yr un rheswm, nid yw'r briodferch yn gweld y priodfab ddiwrnod y briodas nes iddi ymddangos ar gyfer y seremoni.

Gall y briodferch wisgo rhubanau yn ei gwallt neu ar ei ffrog fydd yn adleisio lliw ffrogiau'r morynion.

A GWELAIS Y DDINAS SANCTAIDD, JERUSALEM NEWYDD, YN DISGYN O'R NEF ODDI WRTH DDUW, WEDI EI PHARATOI FEL PRIODFERCH WEDI EI THECÁU I'W GŴR.
Datguddiad 21:2

Y BENWISG (VEIL)

Mae hon yn dyddio i gyfnod y Beibl. Gwisgid hi i gyfleu gwyleidd-dra. Fe'i codir hi gan y priodfab neu gan y briodferch ei hunan neu gan un o'r morynion a'r priodfab yn gweld y briodferch am y tro cyntaf yn ei gogoniant ar ddydd ei phriodas. Mae hyn sy'n digwydd yn y sedd fawr neu wrth yr allor cyn llofnodi'r cofrestr, yn achlysur rhamantus.

Wrth adael yr oedfa yn ŵr a gwraig bydd y benwisg wedi'i thaflu yn ôl a'r briodferch yn gwenu o glust i glust.

'Something Old,
Something New,
Something Borrowed,
Something Blue, and
a Sixpence in your
Shoe'.

Cynrychiola'r peth a fenthyciwyd gyfeillgarwch, y glas ffyddlondeb, y chwecheiniog (5 ceiniog newydd) yn cynrychioli peidio bod heb arian.

DILLAD Y PRIODFAB, Y GWAS PRIODAS, Y CYRCHWYR A'R MORYNION

Dylid gofalu bod trafodaeth a phenderfyniad yn dilyn ar wisg y rhai hyn i sicrhau undod.

Y PRIODFAB: Gwisgir 'morning dress' yn draddodiadol sef cot lwyd neu ddu â chynffon fain (siwt bol 'deryn, ar lafar gwlad), trowsus streip a het sidan lwyd. Os yw hyn yn digwydd, dyna ddylai fod gwisg y gwas priodas, tad y briodferch, tad y priodfab a'r cyrchwyr hefyd. Mae hyn yn gostus iawn gan fod yn rhaid llogi dillad o'r fath yn arbennig. Penderfyniad llawer yw dewis siwt dywyll smart y gellir ei gwisgo eto.

Y GWAS PRIODAS: Dylai'r blodyn yn nhwll botwm y gwas ei wahaniaethu oddi wrth y priodfab ac oddi wrth y cyrchwyr.

Y CYRCHWYR: Os ydych yn penderfynu gwisgo 'morning suits' gwell fyddai fod pawb yn gwisgo yr un lliw. Mae llwyd yn dderbyniol bob amser ac efallai yr hoffai'r priodfab brynu tei ac hances boced sy'n cyfateb iddynt i greu cyfanwaith lliw. Dylai'r blodau yn eu twll botymau fod yr un lliw.

Y MORYNION: Rhaid i'r brif forwyn wisgo fel bo dieithriaid yn gallu gwahaniaethu rhyngddi a'r briodferch. Mae hyn o'r pwys mwyaf os yw hi tua'r un oedran â'r briodferch. Gall wisgo'n fwy trawiadol na'r morynion ifanc ond dylai ei ffrog fod yr un lliw neu'n debyg. Dylai'r morynion i gyd wisgo defnydd o'r un lliw ynghyd ag esgidiau yn cyd-fynd neu'n cyfateb. Gall lliwiau gwahanol adleisio lliw'r blodau yn *bouquet* y briodferch ac yn nhei a nishedi'r cyrchwyr. Y syniad yw creu undod hardd, cofiadwy.

MEWN SWYDDFA GOFRESTRU

Cewch fwy o ryddid i ddewis eich dillad a gellir mentro ar ffrog wddf isel o liw tanbaid. Nid oes dim yn eich rhwystro chwaith i wisgo'r ffrog wen draddodiadol.

BLODAU

Nid oes raid i'r briodferch gario *bouquet* o gwbl. Dywed y traddodiadol nad yw i gario un os het sydd am ei phen ac nid penwisg ond cewch wneud fel y mynnoch. Yn ôl *Debrett's Book of Etiquette*, y priodfab sydd i dalu am *bouquet* y briodferch. Yng nghyfnod

Ymerodraeth Rhufain, gwisgai'r priodfab a'r briodferch dorchau o flodau (*garlands*) am eu pennau. Heddiw, dewis rhai yw torch o flodau fres am eu pen a *bouquet* o siâp arbennig sydd yn cyd-fynd â lliwiau ffrogiau'r morynion ac â thema'r blodau yn y capel neu'r eglwys. Blodau sidan yw dewis eraill, y gellir eu cadw.

Gwisgir blodau neu rug yn nhwll botymau y priodfab, y gwas a'r dynion a gosodir *corsage* ar ddilledyn y mamau. Mae hyn wedi'i wreiddio yn arfer 'slawer dydd o gynnig ffafrau wedi'u gwneud o ruban i wahoddedigion priodas.

Yn ystod y gwasanaeth priodas, un o'r morynion priodas sydd yn dal blodau'r briodferch. Efallai y penderfynwch ddewis merch fach i fod yn 'flower girl'. Mae rhai bach fel hyn yn arfer cario tusw tlws o siâp crwn yn hongian ar ruban neu flodau wedi'u clymu ar gylch. Yn draddodiadol, bydd hon yn gwisgo'n wahanol i weddill y morynion. Wrth adael yr oedfa mae'r ferch fach hon yn mynd o flaen y briodferch, yn wahanol i'r morynion eraill, er mwyn taenu petalau wrth ddrws y capel neu'r eglwys wrth i'r briodferch ymadael. Mae'r arfer hon yn mynd yn ôl i'r oesoedd canol.

YN Y CAPEL NEU'R EGLWYS gosodir blodau ar stand hunangynhaliol neu ar silffoedd ffenestri neu ar y pulpud. Daeth arfer o America yn boblogaidd yng Nghymru yn ddiweddar sef gosod torchau ar ymyl y corau (*pews*) neu eu clymu ar y pileri.

Mae dewis lliwiau a thema yn cyfrif i lawer ac yn sicrhau undod.

Dywedir fod cennin Pedr yn cyfleu croeso, orange blossom yn arwydd o lawenydd mewn priodas, rhosynnau cochion yn cynrychioli cariad, rhosynnau gwynion yn golygu teilwng o gariad a carnations gwynion yn arwydd o burdeb.

Ar ddydd Sadwrn y cynhelir y mwyafrif o seremonïau er nad oes unrhyw reswm dros beidio eu cynnal ar ddiwrnod yn yr wythnos. Cynhelir priodasau Iddewig ar y Sul neu yn ystod yr wythnos, ond nid ar y Sabbath (Sadwrn).

PWY SY'N TALU AM BETH?

Yn ôl traddodiad, teulu'r briodferch sy'n talu am y briodas ac yn gwneud y rhan fwyaf o'r trefniadau. O ganlyniad, capel neu eglwys teulu'r briodferch a ddewisir fel man i gynnal yr oedfa a mam y briodferch sydd yn gyfrifol am flodau'r cysegr ac am drefnu'r addurno. Ar achlysur priodas gyntaf nhw sydd yn gyfrifol am dalu am y wledd, am ffrog y briodferch, ac am y car o'r cartref i'r capel neu'r eglwys.

Mae'r priodfab yn dewis ei was priodas a'r cyrchwyr ac yn ôl y traddodiad ef a/neu ei rieni sydd yn talu am: gludo'r priodfab a'r gwas i'r capel neu'r eglwys,y gwasanaeth crefyddol,yr ychwanegiadau i wisgoedd y gwas a'r cyrchwyr (tei a hances boced sy'n cyfateb, menyg), blodau i dyllau botymau y gwas, y cyrchwyr, tadau'r briodferch a'r priodfab, y *corsages* neu flodau i famau'r briodferch a'r priodfab, y car o'r capel neu'r eglwys i'r wledd, y car o'r wledd, y mis mêl, a'r cartref newydd.

Mae'r gwas priodas a'r cyrchwyr yn prynu neu'n llogi eu dillad eu hunain.

PRIODAS MEWN CAPEL NEU EGLWYS

Mae priodi yn un o'r mannau hyn yn golygu eich bod yn cymryd rhan mewn oedfa grefyddol.Yn arferol cynhelir yr oedfa yng nghapel neu eglwys leol y briodferch neu, os yw hi bellach yn byw oddi cartref, yng nghapel neu eglwys leol ei rhieni. Does dim rheol bendant ynglŷn â hyn er hynny, ac i sicrhau gwybodaeth dylid holi'n lleol gyda swyddogion capeli a wardeniaid eglwysi.

UN GAIR O RYBUDD. Os oes un o'r pâr, neu'r ddau, wedi cael ysgariad 'does dim hawl, fel rheol, priodi mewn eglwys. Y cyngor gorau i chi, os yw'ch bryd ar gael oedfa grefyddol, yw cael gair â gweinidog capel lleol. Mae'n bur debyg y dowch o hyd i un fydd yn cydymdeimlo â'ch sefyllfa ac yn barod i'ch priodi.

Mae hefyd yn bosibl i chi briodi mewn cofrestrfa/swyddfa a chael oedfa fer i fendithio'r briodas mewn eglwys neu gapel. Mae oedfa o'r fath gan amlaf yn anffurfiol ac yn ddigwyddiad i griw bach o wahoddedigion.

Mae oedfa mewn capel neu eglwys yn achlysur dwys a difrifol ac yn gallu bod yn gostus hefyd. Yn ôl llawer mae'r briodas yn fwy o 'ddigwyddiad' na phriodas mewn cofrestrfa. Mater o agwedd meddwl yw hyn.

Clywir rhai yn trefnu ail briodas mewn capel am i'r gyntaf mewn cofrestrfa fethu, a bod rywsut, yn 'wrong'. Ceisio bendith Duw y maent, er hynny, a 'does neb synhwyrol a wâd nad peth da yw hynny.

Dylid trafod â'r capel neu'r eglwys beth yw cost y cyfan. Mewn rhai mannau paratoir taflen i nodi'r cyfan y codir amdano sef tâl y gweinidog neu'r offeiriad, yr organydd, y clychau efallai, am lanhau'r adeilad a'i logi a manylion pryd a sut i dalu.

Rhaid i'r priodfab a'r briodferch ofalu trefnu ymlaen llaw mewn digon o bryd eu bod yn cwblhau nifer o ofynion y gyfraith, boed y briodas mewn swyddfa neu mewn capel neu eglwys. Mae rhai o'r gofynion hyn yn galw am wythnosau o rybudd ac felly dylid sicrhau bod y camau hyn wedi'u cymryd cyn y mis neu ddau olaf prysur.

Yng Nghymru a Lloegr rhaid priodi mewn swyddfa gofrestru leol, mewn eglwys neu gapel o eiddo Eglwys Loegr neu'r Eglwys yng Nghymru neu mewn adeilad cofrestredig, hynny yw, adeilad a gofrestrwyd ar gyfer gweinyddu priodasau. Y mae ein capeli ni yng Nghymru yn perthyn i'r categori olaf hwn a hefyd eglwysi'r Catholigion. Gellir priodi hefyd yn un o gapeli'r lluoedd arfog neu goleg. Rhaid i'r seremoni fod yng ngofal cofrestrydd neu berson awdurdodedig a rhaid ei gynnal rhwng 8 o'r gloch y bore a 6 o'r gloch yr hwyr.

Mae'r eithriadau i'r gofynion statudol hyn yn cynnwys priodasau yn unol â defodau a seremonïau yr Iddewon a Chymdeithas y Cyfeillion, y rhai a weinyddir dan Drwydded Arbennig y Cofrestrydd Cyffredinol (trwy ganiatâd Archesgob Caergaint) a'r rhai a weinyddir i'r rhai sydd yn gaeth i'w cartrefi neu i bersonau mewn carchar.

Rhaid bod dau dyst dros ddeunaw mlwydd oes yn bresennol.

Os yw'r briodas i'w chynnal mewn CAPEL ANGHYDFFURFIOL NEU EGLWYS GATHOLIG, rhaid wrth ragbaratoadau sifil ac nid y 'banns' (gostegion) sy'n gyfreithlon dan drefn Eglwys Loegr neu'r Eglwys yng Nghymru. Yn yr achosion hyn, rhaid i'r rhai sydd yn priodi roi rhybudd o'u bwriad i brif arolygydd y Swyddfa Gofrestru leol a dilyn y drefn i sicrhau trwydded neu dystysgrif a thrwydded.

Sail gyfreithlon y rhan fwyaf o briodasau yw'r DYSTYSGRIF a geir trwy law y Cofrestrydd lleol. Fe ddowch o hyd i'w enw a'i gyfeiriad yn y llyfr ffôn dan y pennawd 'Registrar of Births, Deaths and Marriages'. Paratoir y dystysgrif o ffurflen yn rhoi enwau, cyfeiriadau, gwaith ac oedrannau y rhai sy'n dymuno priodi ynghyd â lleoliad y briodas. Gellir cofrestru yn Saesneg yn unig neu yn ddwyieithog, sef yn Gymraeg a Saesneg. Ni chaniateir cofrestru yn Gymraeg yn unig.

Os oes un o'r pâr dan ddeunaw oed rhaid sicrhau caniatâd y rhieni.

Bydd y swyddog yn gosod y manylion yn ei lyfr ac yn darparu tystysgrif 21 diwrnod yn ddiweddarach. Mae hon yn ddilys am dri mis wedi'r cofnod yn y llyfr.

Os yw'r pâr wedi byw yn yr ardal dan awdurdod y swyddog am o leiaf 7 niwrnod, dim ond un ohonynt sy'n gorfod ymddangos i dystio. Os nad yw hynny'n wir, rhaid i'r naill a'r llall ymweld â'r swyddog o fewn eu hardal arbennig nhw a phrofi ei fod wedi trigo yn yr ardal honno am o leiaf 7 niwrnod cyn yr ymweliad.

Wrth drefnu i briodi mewn capel cewch wybod gan yr un fydd yn eich priodi a oes angen i chi drefnu bod y cofrestrydd yn bresennol yn yr oedfa. Yn aml, mae'r un sy'n gweinyddu yn berson cofrestredig a gall ef neu hi drefnu bod y cofrestru wedi'r seremoni yn gyfreithlon. Os nad oes trefniant fel hyn ar gael, mae gofyn sicrhau fod y cofrestrydd yn dod i'r briodas.

YR EGLWYS YNG NGHYMRU

Gellir caniatáu priodas mewn unrhyw un o bedair ffordd:

a) Cyhoeddi gostegion (*banns*)
b) Trwydded gyffredin
c) Trwydded arbennig
ch) Gyda thrwydded trwy law'r prif gofrestrydd (*superintendant registrar*).

Y cyntaf yw'r dull mwyaf poblogaidd a golyga y bydd eich bwriad i briodi yn cael ei ddarllen yn gyhoeddus ym mhlwyfi lleol y priodfab a'r briodferch. Rhaid i chi yn gyntaf gysylltu â ficer yr eglwys yr hoffech gynnal yr oedfa ynddi a gofyn ei ganiatâd. Os ydych eich dau yn byw yn y plwyf hwnnw, dyna i gyd sydd angen i chi wneud. Os nad ydych, rhaid i chi ymweld â'r ficer yn y plwyf lle mae'r llall yn byw.

Trefnir bod y gostegion (*banns*) yn cael eu darllen yn uchel ar dri Sul dilynol cyn y briodas. Codir tâl bychan am wneud hyn. Mae'n arferol i'r pâr sy'n bwriadu priodi fynychu o leiaf un o'r oedfaon hyn.

Os ydych yn byw mewn gwahanol blwyfi bydd ficer yr eglwys lle na chynhelir yr oedfa yn llofnodi tystysgrif yn cadarnhau fod y gostegion (*banns*) wedi'u darllen. Hebddo, ni all ficer yr eglwys arall eich priodi. Sicrhewch fod y dystysgrif yn eich dwylo mewn da bryd.

GYDA LLAW, edrychwch ar eich tystysgrif geni cyn ymweld â'r ficer a gwnewch yn siwr beth yw eich enw cyfreithlon llawn. Efallai y synnwch fod gennych ddau neu dri enw na wyddech amdanynt

o'r blaen neu nad yr enw a ddefnyddir gan bawb yw eich enw cyntaf swyddogol! Mae hyn yn bwysig gan y darllenir yr holl enwau wrth gyhoeddi'r gostegion (*banns*), ynghyd â'r enw a ddefnyddir gan y rhai sy'n eich adnabod. Os dowch o hyd i enw canol sy'n peri gofid i chi, gwell sôn yn ysgafn amdano cyn y seremoni er mwyn i bobl gael synnu a chwerthin cyn ei glywed mewn oedfa. Darllenir eich holl enwau mewn seremoni briodasol.
b) Dyma broses gynt o lawer. Rhaid i chi fod wedi byw yn yr ardal lle mae'r eglwys am o leiaf 15 diwrnod cyn y cais. Ni ddarllenir y gostegion (*banns*) a darperir y drwydded y diwrnod canlynol. Gellir cadw trefn fel hon mewn cof rhag ofn i bethau fynd o chwith. Rhaid llofnodi datganiad nad oes rheswm cyfreithiol i'r briodas beidio digwydd a bod un o'r ddau sy'n priodi yn cyflawni'r disgwyliadau preswyl. Y ficer neu swyddfa'r eglwys yn lleol all roi'r manylion ariannol i chi.

Anarferol iawn yw b) ac c).

PRIODI AELODAU O ENWADAU ERAILL NEU RAI DI-GRED

Flynyddoedd lawer yn ôl yng Nghymru pan oedd pobl yn dal syniadau pendant iawn ar faterion diwinyddol yr oedd rhai yn pwysleisio'r angen i briodi person o fewn yr un enwad. Dywedid fod peidio â gwneud hyn yn siwr o greu problemau a byddent yn galw'r peth yn 'briodas anghymarus'. Nid yw'r term hwn yn cael ei ddefnyddio ryw lawer heddiw ond y mae ei ôl i'w weld o hyd.

O fewn yr Eglwysi Protestannaidd, sef yr Eglwys yng Nghymru a'r Eglwysi Rhyddion y mae priodas dau o enwadau gwahanol yn dderbyniol. Cofiwch, er hynny, y gallai bod disgwyl i chi drafod eich cred â'r gweinidog. Os oes bwriad gennych i wahodd eich gweinidog i gymryd rhan mewn oedfa dan drefn yr Eglwys yng Nghymru peth doeth fyddai trafod y peth â'r ficer lleol gan fod safbwyntiau gwahanol o blwyf i blwyf.

Y mae rhai enwadau yn disgwyl i'r rhai sy'n gofyn bendith Duw ar eu priodas fynychu dosbarthiadau cyn y diwrnod mawr. Yno trafodir dwys gwestiynau dau yn bwriadu byw am oes gyda'i gilydd. Mae'n bur debyg y bydd llawer yn gweld hyn yn beth rhyfedd i'w wneud os yw dau eisioes wedi penderfynu priodi. Gan mor ddifrifol yw'r cam hwn yng ngolwg capel ac eglwys, barn llawer o weinidogion ac offeiriad yw y dylid trafod a chynghori parau.

Bydd problem yn siwr o godi os yw un yn bendant yn dal syniadau gwrth-Gristnogol a rhagwelir y byddech yn ei chael hi'n anodd i berswadio gweinidog neu offeiriad i weinyddu priodas dan y fath amgylchiadau. Byddai hi neu fe yn siwr o deimlo eich bod yn defnyddio'r capel neu'r eglwys i'ch pwrpas eich hunain.

Os yw un o'r pâr yn arddel perthynas â'r Eglwys Gatholig a bod y gwasanaeth i'w gynnal mewn eglwys Anglicanaidd (Yr Eglwys yng Nghymru), gelwir hyn yn briodas gymysg. Gellir cynnal priodasau o'r math hwn yn y naill eglwys neu'r llall. Nid yw'r Eglwys Gatholig bellach yn diarddel ei haelodau am briodi mewn eglwys o enwad arall.

> **'DICON 'AWDD PRIOTI, BYW SY'N ANODD'**
> oedd ymadrodd pobl Aberdâr.

Os yw'r ddau ohonoch yn dal credo cryf a chadarn, y tebyg yw y byddwch wedi trafod materion dwys lawer tro. Yng ngwres eich cariad at eich gilydd mae'n bosibl derbyn a goddef y gwahaniaethau ac wrth baratoi i briodi mae tuedd ym mhawb i feddwl mai peth hawdd yw dygymod â daliadu y naill a'r llall. Cofiwch y bydd diwrnod yn dod pan fydd yna anghytuno ar lawer mater ac y gall gwrthdaro godi fydd yn ymosodiad ar ddaliadau agos at galon un ohonoch. Mae hyn yn anodd iawn ei ddwyn ac yn peri loes calon enbyd.

CYN BOD YN DDEDWYDD RHAID I'R GŴR
GAU EI LYGAID WEITHIAU'N SIŴR;
AC WEITHIAU'R WRAIG, OS BYDD YN GALL,
A GYMER ARNI FOD YN DDALL.

DISGWYLIADAU

Beth 'rŷn-ni'n golygu cael ma's o'r briodas?

Gall pob math o briodas lwyddo a hynny ar waethaf pob darogan fel arall, am fod y briodas honno yn cyflawni disgwyliadau'r pâr unigryw hwnnw. Ni fyddai'r briodas yn gweddu i ddau arall ond nid eu priodas nhw yw hi ond priodas hollol arbennig un cwpwl.

Trafodwch cyn priodi eich syniadau ar genhedlu plant, eich agwedd tuag at reoli maint teulu, eich syniadau am erthyliad os bydd y wraig yn cenhedlu ar adeg anodd yn y briodas, at ddisgyblaeth unrhyw blentyn ddaw. Ystyriwch agwedd eich gilydd at fagu plentyn rhywun arall pe bai'n gwestiwn o fabwysiadu.

Pa mor bell mae un yn barod i faddau cam?

Os ydych yn meddwl am briodi un nad yw'n siarad Cymraeg a bod eich perthynas wedi datblygu drwy gyfrwng y Saesneg, mae'n briodol i chi ofyn i'ch hunan, beth yw agwedd eich darpar ŵr neu wraig at gyfeillion sy'n mynd i barhau'r arfer o siarad Cymraeg â chi a beth yw'r ymateb i addysg Gymraeg i'r plant os yw hynny yn cyfrif i chi a'ch teulu.

Mae'n rhyfedd meddwl bod llawer o'r teimladau ddatbygodd ynom pan oeddem blant yn codi pen wrth i ni briodi. Nid ydym yn ymwybodol o hyn fel arfer.

Yn blant yr oeddem yn ddibynol ar y rhai oedd yn ein magu ac arweiniai hyn at deimladau cryfion o gariad a chasineb. Yr oedd y rhai oedd yn gyfrifol amdanom yn rymus a dylanwadol. Cawsom lawer ganddynt i ymfalchïo ynddo a llawer y dymunem fod wedi gwneud hebddo.

Mae elfennau mewn priodas sy'n ailgodi'r emosiynau dyfnion hyn. Ar brydiau gall y ferch ffeindio ei bod wedi chwilio am rywun fel ei thad a bydd yn symud o fihafio fel gwraig ei phriod i fihafio fel ei ferch a disgwyl iddo ei phlesio a'i sbwylio a derbyn ei droi rownd ei bys bach fel yr oedd yn dderbyniol gan ei thad. Ar y llaw arall gall fod wedi mynd o'i ffordd i ddewis cymar hollol wahanol i'w thad a phan wêl ei gŵr yn bihafio fel hwnnw, gall droi'n ddig tuag ato. Gall newid mewn ymddygiad fel hyn greu cymhleth-dodau yn y berthynas briodasol.

Felly hefyd y dyn yn y berthynas. 'Roedd rhai pethau'n dderbyniol o fewn ei deulu- ffordd o siarad am ferched, disgwyliadau oddi wrth ferched y teulu, trefn amser bwyd a'r sylw roddwyd i ŵr y tŷ. Gall yntau hefyd heb yn wybod iddo lithro i arferion ei deulu gwreiddiol a synnu bod ei wraig yn ymateb yn ffyrnig. Mae'n werth ymwybod â'r pethau hyn a bod yn barod i drafod a chyfaddawdu.

Daw pob mathau o emosiwn i'r wyneb wrth garu. Ceir disgwyliadau enfawr o'r gyfathrach hon. Nid pawb sy'n disgwyl noson eu priodas cyn cael profiad o'r act rywiol. Mae priodas yn gyfle godidog i ddatblygu'r grefft sy'n golygu cymaint i ŵr a gwraig. Mae'n gallu bod yn bleser digymysg, yn gysur heb ei ail, yn ffordd o ddangos cydymdeimlad a maddeuant, yn fodd i ryddhau tensiynau, ac yn ddathliad. Y mae'n brofiad sydd angen gweithio arni fel y bydd yn werthfawr i'r ferch a'r bachgen. Mae'r ferch yn aml yn disgwyl ystyriaeth wahanol i'r dyn, yn mo'yn treulio amser yn caru bach cyn y weithred yn aml. Mae'r gŵr yn mo'yn ei blesio, yn mo'yn boddhad, yn mo'yn rhoi boddhad. Mae bywyd priodasol yn rhoi cyfle i ddau ddeall ei gilydd nid yn unig yn eu bywyd bob dydd ond fel dau ag angen cyfathrach rywiol fydd, gobeithio, yn cyfoethogi eu cyd-fyw o ddydd i ddydd.

Elfen aruthrol fawr o fewn priodas yw ymddiriedaeth. Mae pâr sydd yn priodi yn bwriadu trystio pob agwedd o'u bywyd i'w gilydd. Mae hyn yn gallu dod â hapusrwydd nad oes mo'i debyg. Y mae hefyd yn gallu arwain at dor-calon. Pan fo anawsterau yn codi, gall y naill a'r llall achosi loes i'w gilydd a hynny'n arwain at drais corfforol a geiriol, sy'n peri colli hunan-barch. Os yw pethau yn mynd mor ddrwg â hyn rhyngoch a bod dim gwella, ar waethaf trafodaeth ar sail gofal a chariad, a sawl ymdrech wedi'i wneud i gymodi, ystyriwch eich dyfodol. Y mae priodas wedi'i seilio ar barch y naill at y llall ac ni ddylai ymddiried yn ein gilydd arwain at golli hunan-barch.

GERBRON DUW

Yn ystod oedfa briodasol gwneir yn aml ddatganiad ar bwrpas priodas. Y mae hyn yn crynhoi syniadau y rhai sy'n addoli yn gyson ac yn egluro beth yw priodas yng ngolwg capel a'r eglwys.

AMCAN PRIODAS

Y mae'r Ysgrythur yn ein dysgu mai rhodd Duw yw priodas i'w derbyn yn ddiolchgar mewn ymateb i'w alwad ef.

Drwy briodas y mae mab a merch yn dod yn ŵr a gwraig a chyda'i gilydd yn dechrau bywyd newydd.

Y mae'n fywyd sy'n mynnu pob parch ac anrhydedd ac nid yn ddifeddwl nac yn hunanol yr eir iddo ond yn wylaidd a chyfrifol, gan ein bod yn ystyried priodas yn un o gonglfeini cymdeithas.

Rhodd yw a roddwyd er mwyn i ŵr a gwraig gynnal a chysuro ei gilydd drwy fod yn ffyddlon, mewn hawddfyd ac adfyd, mewn tristwch a llawenydd.

◆ Fe'i rhoddwyd er mwyn iddynt mewn hyfrydwch a thynerwch fod yn un mewn corff, calon ac ysbryd yn eu cariad a'u bywyd.
◆ Fe'i rhoddwyd er mwyn iddynt hwythau fedru rhoi a rhannu yn eu perthynas â'u cyd-ddyn ymhob man.
◆ Fe'i rhoddwyd er mwyn i blant gael cariad a gofal a'u magu i adnabod ac addoli y Duw a'u rhoddodd.
◆ Fe'i rhoddwyd er mwyn tystio i gariad a chyfamod tragwyddol y Duw a'n carodd cyn ein bod ac a anfonodd ei Fab i'r byd

AGWEDD Y BEIBL

Ceir yn y llyfr a elwir Caniad Solomon ddisgrifiadau byw, godidog o gariad dyn a menyw sydd hefyd yn cynrychioli cariad Duw tuag at y byd a greodd a thuag atom ninnau sy'n byw ynddo.

Cusana fi â chusanau dy wefusau,
oherwydd y mae dy gariad yn
  well na gwin,
ac arogl dy bersawr yn hyfryd....
Gad inni lawenhau ac
  ymhyfrydu ynot,
a chanmol dy gariad...
Mor brydferth yw dy ruddiau
  rhwng y plethi,
a'th wddf gan emau....
mor brydferth wyt, f'anwylyd,
O mor brydferth..

Yr wyf fel rhosyn Saron,
fel lili'r dyffrynnoedd.

Ie, lili ymhlith drain
yw f'anwylyd ymysg merched.

Ust! dyma fy nghariad,
dyma ef yn dod;
y mae'n neidio ar y mynyddoedd
ac yn llamu ar y bryniau...
Y mae fy nghariad yn galw arnaf ac yn dweud wrthyf,
'Cod yn awr, f'anwylyd,
a thyrd, fy mhrydferth;
oherwydd, edrych, aeth y gaeaf heibio,
ciliodd y glaw a darfu,
y mae'r blodau'n ymddangos yn y meysydd,
daeth yn amser i'r adar ganu,
ac fe glywir lais y durtur yn ein gwlad...

Cymerodd fi i'r gwindy, ac edrych arnaf yn gariadus..
Yr oedd ei fraich chwith dan fy mhen,
a'i fraich dde yn fy nghofleidio.
Y mae fy nghariad yn eiddo i mi,
a minnau'n eiddo iddo ef..
Cyn i awel y dydd godi,
ac i'r cysgodion ddiflannu, tro ataf, fy nghariad.
Yr wyt wedi ennill fy nghalon ag un edrychiad..
O briodferch, y mae dy wefusau'n diferu diliau mêl,
y mae mêl a llaeth dan dy dafod,
ac y mae arogl dy ddillad fel arogl Lebanon......

Pan agorais i'm cariad,
yr oedd wedi cilio a mynd ymaith,
ac yr oeddwn yn drist am ei fod wedi mynd;
chwiliais amdano, ond heb ei gael;
gelwais arno, ond nid oedd yn ateb.
Os dewch o hyd i'm cariad,
dywedwch wrtho fy mod yn glaf o gariad.

Y mae fy nghariad yn deg a gwridog,
yn sefyll allan ymysg deng mil...
y mae ei gorff fel gwaith ifori..

a'i ymddangosiad mor urddasol..
Y mae popeth ynddo'n ddymunol.

Gad i ni fynd yn fore i'r gwinllannoedd,
i edrych a yw'r winwydden yn blaguro,
a'i blodau'n agor,
a'r pomgranadau yn blodeuo..

Dyma fy nghariad, dyma ef yn dod.

HOSEA

Hanes trist sydd i fywyd priodasol Hosea. Putain yw ei wraig, Gomer, ond dal i'w charu y mae'r proffwyd ac ni all oddef ei gweld yn parhau i fihafio fel hyn. Mae Hosea yn synhwyro fod Duw yn ymateb fel hyn tuag at ei fyd sy'n ei wrthod. I Hosea, mae byw heb gydnabod hawl Duw arnom yn debyg i buteindra o fewn priodas. Eto i gyd, medd Hosea, ni all Duw peidio â'n caru. Y mae ei gariad tuag atom yn drech na'n puteindra ni.

Pa fodd y'th roddaf i fyny a'th roi ymaith?
Newidiodd fy meddwl ynof;
enynnodd fy nhosturi hefyd.

Y gair tosturi yw'r hyfrytaf o'r cwbl. Y mae'n gariad, yn garedigrwydd, yn gydymdeimlad ac yn faddeuant.

IESU O NASARETH

Mewn priodas y cyflawnodd ei arwydd cyntaf, medd yr Efengyl yn ôl Ioan. Trodd Iesu ddŵr yn win mewn priodas yng Nghana Galilea, un o'r arwyddion sy'n profi mai ef yw Mab Duw. Fel yna mae Ioan yn hoffi dadlau yn ei lyfr.

Mae'r Efengylau i gyd yn tynnu sylw at hoffter Iesu o gwmnïaeth pob math o bobl a'i ddymuniad i bawb ymateb i'r newyddion da fod Duw wedi dod yn agos ac yn caru'r byd. Pan gaiff ei feirniadu nad yw ei ddilynwyr yn ddigon syber, ateb Iesu yw, 'A allwch wneud i westeion priodas ymprydio tra bydd y priodfab gyda hwy?'

Mae Iesu'n meddwl am y newyddion da fel priodas sydd newydd ddechrau a phawb yn gorfoleddu wrth dathlu. Sumbol o lawenydd bod iachawdwriaeth yw'r briodas.

Fel hyn y mae Dr. Pennar Davies yn sôn am y peth:

> Mae'n gwbl sicr fod sumbol y briodas yn greiddiol yn y mynegiant a roddai Iesu i'w obaith am ymwared i Israel ac i'r ddynolryw..... Sonia am lawenydd y rhai sydd yn paratoi dyfodiad cyflawn y Deyrnas trwy fyw ei bywyd hi: y maent yn gorfoleddu ym mhresenoldeb y Priodfab..... Iesu ei hunan yw'r Priodfab... Dylid ei ystyried yn gyfenw cyfeillgar a roddwyd arno ymhlith ei gyfeillion agosaf. Fe wyddys fod yn arfer yn y fintai ryfedd honno roi enwau ar ei gilydd..... fel galw meibion Sebedeus yn Feibion y Daran, a galw Seimon Fab Jona, y disgybl brwd a gwamal, yn 'Ceffas', 'Pedr', y Graig. I'r disgyblion y Priodfab oedd y Nasaread.... mae'r sumbol yn fynegiant o lawenydd y carwr hael, y llawenydd a fyn fwyta ac yfed a chymdeithasu â phobl yr ymylon... Da yw cofio mai priodfab a gwesteion oedd Iesu a'i ddilynwyr yn gyntaf oll... cyfeillion yn cydlawenhau yn Nuw.

WRTH I BOBL FOLI DUW A DIOLCH AM IESU FE DYFODD DEFOSIWN HARDD O GWMPAS Y PERSON IESU A CHAWSOM BENILLION A MYFYRDODAU SY'N LLAWN CYFEIRIADAU ATO FEL CARIAD A PHRIOD.

FEL HYN Y DYWED SANT BERNARD:

Pêr fydd dy gofio, Iesu da,
A'r galon drist a lawenha;
Na'r mêl a'r mwynder o bob rhyw
Bod gyda Thi melysach yw.

Dymunaf fil o weithiau Di:
Pa bryd y deui ataf fi?
Pa bryd y doi i'm llawenhau
A'th roi dy Hun i'm llwyr foddhau?

Amdanat, Iesu,'n fynych mae fy nghwyn;
Pa bryd y caf dy lon ymweliad mwyn?
Pa bryd y caf fi lawenhau'n dy wedd?
Pa bryd y caf fy llenwi oll â'th hedd?

AC YN ÔL WILLIAM WILLIAMS, PANTYCELYN:

Wrth droi fy ngolwg yma i lawr
I gyrrau'r holl greadigaeth fawr,
Gwrthrych ni wêl fy enaid gwan
Ond Iesu i bwyso arno'n rhan.

Dewisias Ef, ac Ef o hyd
Ddewisaf mwy tra fwy'n y byd;
Can' gwynfyd ddaeth i'm henaid tlawd_
Cael Brenin nefoedd imi'n Frawd.

Fy nghysur oll oddi wrtho dardd;
Mae'n Dad, mae'n Frawd, mae'n Briod hardd;
F'Arweinydd llariaidd tua thref,
F'Eiriolwr cyfiawn yn y nef.

Ef garaf bellach tra fwyf byw,
Uwch creaduriaid o bob rhyw;
Er gwaethaf daer ac uffern drist,
F'Anwylyd i fydd Iesu Grist.

AC MEDDAI ANN GRIFFITHS:

Rhosyn Saron yw ei enw,
Gwyn a gwridog, teg o bryd;
Ar ddeng mil y mae'n rhagori
O wrthrychau penna'r byd....

TREFNU'R SEREMONI

Bydd y gweinidog neu offeiriad yn barod i drefnu cwrdd â chi cyn y seremoni i ymarfer. Y chi fydd yn gyfrifol am gasglu ynghyd y rhai sydd yn cymryd rhan a chewch gyfle i ymgyfarwyddo â'r capel neu'r eglwys. Bydd angen amser arnoch yno hefyd i benderfynu ar flodau, y math mwyaf pwrpasol a'r man i'w dodi .

Y priodfab sy'n siarad gyntaf mewn swyddfa, gan ddweud ar ôl y cofrestrydd,

'Yr wyf yn ddifrifol yn hysbysu na wn i am unrhyw achos cyfreithlon pam na ellir fy nghysylltu i (enw'r priodfab) mewn priodas â (enw'r briodferch)'. Yna, mae'r briodferch yn gwneud datganiad tebyg. Dilynir hyn gan eiriau'r cofrestrydd a ail-adroddir gan y priodfab.

'Galwaf ar y bobl sydd yma'n bresennol i dystio fy mod i (enw'r priodfab) yn dy gymryd di (enw'r briodferch) yn wraig briod i mi'. Mae'r briodferch yn dweud peth tebyg.

Dywed y cofrestrydd, 'Yr ydych yn awr yn ŵr a gwraig i'ch gilydd'.

◆ Mae rheidrwydd cyfreithiol i'r geiriau hyn.
◆ Gellir eu dweud yn Gymraeg neu yn Saesneg.
◆ Rhaid cael dau dyst sydd dros 18 mlwydd oed.
◆ Pump i ddeng munud yw hyd y seremoni hon.
◆ Rhaid i'r briodferch roi ei henw, ei hoed a'i gwaith, ynghyd ag enw a gwaith ei thad. Paratowch beth i osod fel bod dim oedi dros y geiriau cywir.

NI DDYLAI'R BRIODFERCH FOD YN HWY NA DENG MUNUD YN HWYR i'r swyddfa neu'r capel a'r eglwys. Gall hyn rwystro amseriad priodas arall. Mae bod yn hwyr yn tynnu oddi ar densiwn y disgwyl. Erbyn amser y briodas mae'r gwesteion yn llawn awydd cyffrous i weld y briodferch ac os yw hi'n sobor o hwyr, teimlo y bydd y cynulliad, wedi iddi gyrraedd, 'hen bryd hefyd', ac nid 'dyna hardd mae'n edrych!'

GWASANAETHAU CREFYDDOL

Sicrhewch eich bod yn gwybod pa ddogfennau sydd eu hangen ar yr un fydd yn eich priodi.

Dylai'r rhai a ddewiswyd i dywys gwahoddedigion i'w seddau a dosbarthu taflenni (ushers), gyrraedd awr o flaen llaw.

Dylai'r gwahoddedigion gyrraedd o leiaf chwarter awr o flaen llaw. Ni ddylai gwesteion gyrraedd yn feddw, cerdded i mewn yn gwneud dwli na cherdded i mewn ac allan yn ystod yr oedfa. Yr arfer yw i berthnasau a chyfeillion y briodferch eistedd ar ochr chwith y capel neu'r eglwys ac i deulu a chyfeillion y priodfab eistedd ar y dde.

Mae'r teulu agos yn eistedd yn y seddau blaen.

Rhaid i'r priodfab fod yno, bod yn brydlon ac yn sobor. Y gwas priodas sydd â chyfrifoldeb dros hyn. Disgwylir i'r priodfab a'r gwas fod yn y sedd fawr neu wrth yr allor o leiaf hanner awr ymlaen llaw. (Mae hefyd yn dderbyniol i'r gwas neu'r prif dywysydd ddisgwyl wrth ddrws y capel neu'r eglwys. Ei gyfrifoldeb yw rhoi gwybod i'r priodfab a'r gweinidog neu ficer fod y briodferch a'i morynion wedi cyrraedd.)

Mae mam y briodferch yn cyrraedd rhyw ychydig o flaen y briodferch ac yn eistedd yn y sedd flaen ar ochr chwith yr eil. (Wedi hyn, nid oes neb arall i ddod i mewn.) Mae rhai sy'n hwyr yn aros yn y cyntedd neu'n mynd i'r galeri.

Gall car y briodferch gyrraedd pum munud yn gynnar i roi digon o gyfle i dynnu lluniau. Agorir y drws gan y chauffeur er mwyn i'w thad ddod o'r car a bydd yntau wedyn yn cerdded o gwmpas cefn y car at y cwrbyn i helpu'r briodferch o'r car.

Rhoddir arwydd i'r organydd a chlywir y gerddoriaeth ddewiswyd. Wrth glywed hyn, saif y priodfab, y gwas priodas ac unrhyw un arall oedd yn eistedd, ar eu traed a'u cefnau'n syth.

TREFN YR ORYMDAITH

Mae'r briodferch yn cerdded gyda'i thad ar ei chwith ar hyd yr eil chwith, neu ar hyd y ganol os oes un. Yn dilyn bydd y morynion bychain yn dal cwt y ffrog, a'r brif forwyn ar eu holau. Saif y brif forwyn briodas y tu ôl i neu yn agos at y briodferch er mwyn derbyn ei blodau a'u menig, fel bo'r briodferch yn rhydd i estyn ei llaw i dderbyn. Wedi i'r tad roi'r briodferch gall symud i eistedd wrth ochr ei briod.

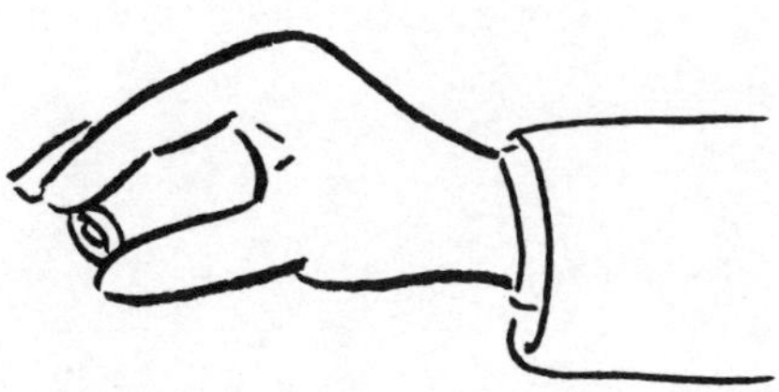

Dywed y priodfab ei addunedau gyda'i law ar law'r briodferch. Maent yn gollwng dwylo fel y gall hi osod ei llaw ar ei law ef pan fydd hithau'n adduno. Mewn llawer capel ac eglwys mae penwisg (*veil*) y briodferch yn cael ei godi yn syth wedi'r addunedau a chyfnewid modrwyon. Dyna'r pryd y dywed rhai gweinidogion neu ficeriaid, 'Gellwch yn awr gusanu'r briodferch'. Gwell gan rai godi'r penwisg yn ystod yr emyn, cyn y weddi, neu yn y festri. Mewn capel, gwelir y briodferch yn ei godi ar ôl cyrraedd y sedd fawr.

GEIRIAD Y GWASANAETH PRIODAS

Yn ystod priodas arferol rhaid i chi hysbysu na wyddoch am un rhwystr cyfreithiol i'r briodas a thystio eich bod yn cymryd cymar a'i enwi/henwi. Rhaid cynnal y briodas rhwng 8 y bore a 6 yr hwyr, gyda'r drysau ar agor ac yng ngŵydd dau dyst.

Gwell i chi edrych ar ac ystyried geiriad y gwasanaeth. Mae rhai yn hoffi clywed geiriad traddodiadol, eraill yn hapusach clywed tinc modern. Yn hen fersiwn Saesneg y Llyfr Gweddi Gyffredin (*Book of Common Prayer*) ceir yr ieithwedd hynaidd a gyfrifir yn aml yn rhamantus iawn -

'Wilt thou have...thy wife?'

a'r atebion 'I will', a 'I take thee'...

Mae'r offeiriad yn gofyn 'Who giveth this woman?' a mae'r tad neu gyfaill yn camu ymlaen i gyflwyno llaw ei ferch i'r gweinidog sy'n gofalu fod llaw'r priodfab yn cael ei osod ar law'r briodferch.

Gosodir y fodrwy ar y llyfr gweddi, yna rhy'r offeiriad y fodrwy i'r priodfab sy'n dweud, wrth osod y fodrwy ar drydydd bys llaw chwith y briodferch, 'I thee wed, thee worship' a 'thee endow'.

Yn arwyddocaol, mae ateb y briodferch yn cynnwys 'obey'. Mae'r ddau yn penlinio a cheir gweddi tra bo gweddill y gynulleidfa yn sefyll. Yna, mae'r offeiriad yn uno'u dwylo ac yn datgan eu bod yn briod.

Ceir fersiynau modern bellach. Nid oes raid i neb 'roi' y briodferch; yn wir, gwelwyd, yn ddiweddar, un yn dewis ei mab ifanc o'i phriodas gyntaf i sefyll wrth ei hochr.

Dyma enghraifft o fersiwn modern a ddywedir gan y mab a'r ferch:

Yr wyf yn dy gymryd di ..i fod yn briod i mi,ac ym mhresenoldeb Duw a'r gynulleidfa hon yr wyf yn addunedu i fod yn ffyddlon yn fy nghariad, yn dyner yn fy ngofal, ac yn onest a chywir ymhob peth, holl ddyddiau fy mywyd.

Yn aml iawn mewn priodasau modern ceir adran lle cyfnewidir modrwyon a chlywir lleisiau'r ddau yn datgan yn unigol:

Yr wyf yn rhoi y fodrwy hon i ti yn arwydd o'r hyn yr ydym wedi ei addo,ac yn ernes o'r hyn yr ydym am ei rannu, trwy nerth Duw.

Mae'r gweinidog wedyn yn rhoi ei law ar ddwylo'r ddau ac yn cyhoeddi eu bod yn ŵr a gwraig. Ambell dro bydd y pâr yn dymuno penlinio i dderbyn bendith a chlywir hyn:

Bendithied yr Arglwydd chwi a chadwed chwi,
llewyrched yr Arglwydd ei wyneb arnoch
a rhodded i chwi dangnefedd. AMEN

Ambell dro, yn y fan hon bydd ysbaid i arwyddo'r gofrestr. Digwydd hyn mewn ystafell o'r golwg neu yng ngŵydd y gynulleidfa. Dro arall, cyn yr arwyddo, cenir emynau neu salmau ychwanegol, offrymir gweddïau a darllenir o'r Ysgrythur. Mae rhai parau yn dewis cael anerchiad hefyd.

Os bydd yr arwyddo mewn ystafell o'r golwg, dymuniad rhai yw gwahodd rhywun i ganu neu i ganu'r delyn. Gwell gan eraill wrando ar ganu'r organ.

TREFN GADAEL

Ar hyd yr eil dde neu ganol y bydd y briodferch a'r priodfab yn gadael y seremoni, y gŵr priod yn dal braich dde ei wraig. Bydd y morynion bach yn dal cwt ffrog y briodferch a'r gwas priodas a'r prif forwyn yn eu dilyn. Yn olaf, daw mam y briodferch gyda thad y priodfab ac yna, tad y briodferch gyda mam y priodfab.

EMYNAU, DARLLENIADAU A GWEDDIAU

Gall y gweinidog neu offeiriad eich helpu i ddewis emynau, os dymunwch hynny. Mae ganddynt enghreifftiau o daflenni priodasau a fu dan eu gofal a byddant yn barod i chi fwrw golwg drostynt a/neu eich cynghori. Bydd eich dewis o emyn/au yn dibynnu ar eich gwahoddedigion. Os ydynt yn gyfarwydd â mynd i'r cwrdd neu i'r eglwys cewch benrhyddid i ddewis fel a fynnoch gan y gallwch ddibynnu arnynt i ganu'r tonau. Os nad yw hynny'n wir rhaid bod yn fwy gofalus gan fod digon o enghreifftiau wedi bod o nemawr neb yn canu ond yr un sy'n arwain ac un neu ddau ddewr arall. Yn wir, nid oes raid canu dau emyn o gwbl. Y peth gorau i'w wneud yw ystyried pwy fydd yn y seremoni a threfnu o'r fan honno. Mae llawer yn hoffi canu aralleiriad o Salm 23, 'Yr Arglwydd yw fy Mugail', mewn priodas. Ceir dewis gan organyddion a gweinidogion.

Os oes gennych hoff ddarlleniadau o'r Beibl, soniwch wrth y gweinidog neu'r offeiriad amdanynt. Dylai ef neu hi fod yn barod i drafod y darlleniadau gyda chi. Mae hynny'n wir hefyd am y gweddïau. Ar y llaw arall, gallwch adael y cyfan iddo ef neu hi.

Os mai priodas ddwyieithog sydd i'w threfnu, ewch ati'n llawn hyder. Nid oes raid ymesgusodi na theimlo'n swil. Mae mwy a mwy yn sylweddoli mai dyna'r drefn bellach ac nad yw'n dderbyniol i'r rhai sydd ddim yn deall fihafio'n wael. Os bydd taflen gennych gellir nodi o ble y daw'r darlleniadau Cymraeg gan osgoi egluro ac ymddiheuro. Gall defnydd da o'r daflen fod yn help aruthrol i gadw pawb yn hapus a chysurus.

DEWIS CERDDORIAETH

Cerddoriaeth draddodiadol 'Here Comes The Bride' yw'r *Wedding March* neu *Bridal Chorus* gan Wagner o'r opera *Lohengrin*. Wrth adael, wedi'r seremoni, defnyddir cerddoriaeth o *Midsummer Night's Dream* gan Mendelssohn. Dewiswyd y darnau hyn gan ferch hynaf y Frenhines Victoria ar gyfer ei phriodas a buont yn boblogaidd byth wedyn. Dewis arall yn lle ' Here Comes the Bride' yw 'Arrival of the Queen of Sheba ' gan Handel ac wrth ymadael gellir defnyddio 'Trumpet Voluntary' Clarke. Erbyn hyn daeth nifer o alawon a gysylltir â chanu cerdd dant yn boblogaidd megis 'Llety'r Bugail' a chlywir alawon gwerin hefyd. Byddai'n synhwyrol i chi gael gair â'r organydd i drafod eich syniadau.

Chi sydd i ddewis, eich diwrnod chi yw hi.

CONFFETI A CHLYCHAU

Mae'n arfer taflu conffeti dros y briodferch a'r priodfab fel arwydd o ddymuniadau da wrth iddynt fynd at y car. Gofalwch sicrhau caniatâd i wneud hyn gan fod rhai capeli ac eglwysi yn cyfrif hyn yn daflu sbwriel. Os cawsoch ganiatâd, dylai'r prif forwyn a'r gwas priodas gytuno pwy fydd yn gyfrifol am ddosbarthu conffeti i'r gwahoddedigion gan sicrhau felly na fydd y briodferch yn cael ei siomi. Os yw awdurdodau'r capel neu eglwys yn gwhardd conffeti yng nghyffiniau'r adeilad dan eu gofal, gellir ei daflu y tu allan gan ofalu ei fod yn fath sy'n dderbyniol gan adar i'w fwyta.

Cenir clychau i gyhoeddi fod y briodferch wedi priodi.

CYFLWYNO PEDOL ARIAN NEU LWY GARU

Fel arfer, gwelir rhai'n cyflwyno pedol arian, llwy garu, cath ddu neu bren rholio bychan i'r briodferch wrth iddi adael y capel neu'r eglwys. Ysgrifennwch neges fer o ddymuniadau da ar gefn y rhodd fel y bydd yn gwybod oddi wrth bwy y daethant. Bydd hi'n eu cario wrth ei garddwrn.

TYNNU LLUNIAU A GWNEUD FIDEO

Rhaid sicrhau caniatâd i dynnu lluniau a gwneud fideo mewn capeli ac eglwysi. Barn rhai gweinidogion ac offeiriaid yw bod camera fideo yn tarfu ar awyrgylch oedfa. Efallai y bydd rhai sy'n teimlo fel yna yn caniatáu lluniau yn y capel neu'r eglwys cyn ac ar ôl y seremoni ond nid yn ystod yr oedfa.

Dylid trefnu gyda'r tynnwr lluniau beth yw eich dymuniadau.

Y gobaith yw y bydd y rhain yn dwyn atgofion hyfryd am flynyddoedd lawer i chi ac yn destun llawenydd a difyrrwch i chi a'ch plant wrth i chi ryfeddu at y gwisgoedd a'r ffasiwn gwallt oedd mor dderbyniol gynt. Cofiwch hefyd am eich gwesteion wrth drefnu'r tynnwr lluniau. Maent hwythau hefyd wedi paratoi'n fanwl at yr achlysur er mwyn gwneud y diwrnod yn gofiadwy. Y mae'n achlysur hanesyddol i chi, eich teulu, eich cymdogaeth a'ch cydnabod.

Bydd y tynnwr lluniau yn gyfarwydd â'r lluniau traddodiadol a dylai sicrhau fod y rheini'n ddiogel i chi ond chi yn unig ŵyr pa bobl eraill sy'n bwysig iddo sicrhau llun ohonynt i chi.

Cofiwch am eich gwesteion hefyd pan fyddwch efallai yn mynd i dynnu lluniau wedi'r seremoni mewn parc neu erddi cyfagos. Mae rhai tynnwyr lluniau yn treulio gymaint o amser nes bo'r gwesteion wedi hen alaru disgwyl am eu pryd bwyd ac eraill wedi meddwi'n chwil.

GWAHODDEDIGION

Rhestrwch y rhai y byddech yn hoffi eu gwahodd: perthnasau, cyfeillion, ffrindiau ysgol a choleg, cydweithwyr, cymdogion a'r rhai roddodd wahoddiad i chi i'w priodas. Bydd angen cwtogi'r rhestr, mae'n debyg, wedi i chi drafod y gost â'r rhai fydd yn talu am y wledd. Penderfynwch beth sydd orau gennych: priodas â nifer llai mewn man delfrydol â bwydlen gynhwysfawr neu fwy o westeion mewn man llai deniadol.

Mae'n arferol yn Llydaw i westeion dalu am eu pryd ac felly gellir gwahodd pawb. Os nad oes gennych ddim bron i'w wario, gallwch drefnu seremoni fach mewn capel neu swyddfa a threfnu pryd i ddilyn mewn restaurant. Anfonwch nodyn ysgrifenedig at nifer fach o westeion, tebyg i hyn: *Bydd Gaynor a fi yn dathlu'n priodas trwy gael pryd yn Bella Mamma yn George St. am 7 o'r gloch. Bydd yn costio tua £10 y pen ac os hoffech ddod byddem yn falch iawn eich gweld.*

Os ydych yn teimlo fod hyn yn hyfdra ar eich rhan, trefnwch i briodi mewn capel neu swyddfa anghysbell ac ymhell i ffwrdd ac yna dathlwch eich dau mewn gwesty lle ceir gwely 'four poster' ac archebwch bryd godidog a photel o champagne!

ARCHEBU GWAHODDIADAU WEDI'U HARGRAFFU

Cewch enghreifftiau gan y gweisg yn lleol ac yn siopau'r Stryd Fawr. Yn draddodiadol, gwyn yw'r cerdyn ac aur neu arian yn amlwg arni. Gellir archebu taflenni Trefn yr Oedfa a bwydlenni i gyd-fynd os dymunir. Bellach, er hynny, cewch drefnu fel mynnoch a dewis cardiau gwahodd ac ati mewn lliw sy'n ddeniadol i chi.

Dyma enghreifftiau o'r hyn a osodir wrth wahodd:

Dymuna Mr a Mrs Dafydd Powell wahodd........i briodas eu merch Gaynor â Mr.Richard Jones yn...... ar ddydd...... am...a wedyn i'r wledd yn...

Os yw'r fam yn wraig weddw ac wedi ailbriodi a'i bod hi a'i phriod yn gweithredu fel gwesteion, darllenir:

Dymuna Mr a Mrs Gareth Richards wahodd.... i briodas ei merch...

Os mai'r briodferch a'r priodfab sy'n gwahodd:

Dymuna Miss Gaynor Powell a Mr. Richard Jones wahodd....... i'w priodas..... neu
Dymuna Gaynor Powell a Richard Jones wahodd....

TEITHIO A THRAFNIDIAETH

Os oes gwahoddedigion yn dod o bell, mae'n werth paratoi map iddynt a'i ffotocopïo. Trefnir bws gan lawer i gario gwahoddedigion o un man i'r llall.

Rolls yw'r car traddodiadol i gario'r briodferch ond gwelir Daimler a Bentley hefyd. Mae lliw y car yn cyfrif a rhaid sicrhau gyda'r cwmni mai'r lliw a ddewisoch sy'n cyrraedd bore'r briodas. Holwch y cwmni sy'n ei logi beth fydd lliw y car sbâr os digwydd i'r un ddewisoch dorri ac os cewch ddisgownt. Cadarnhewch hyn mewn ysgrifen. Mae'r rhan fwyaf o gwmnïau yn addurno'r car â rhuban gwyn. Mae rhai'n hoffi car gwyn ond os oes ffrog wen gan y briodferch mae glas neu wyrdd tywyll yn fwy effeithiol.

Gwell gan rai logi ceffyl a charriage neu gar hen ffasiwn. 'Does dim yn eich rhwystro rhag defnyddio car un o'r teulu a gall hyn hwyluso trefniadau gan y golyga eich bod yn gallu ymarfer tynnu lluniau.

PARATOI'R WLEDD

YMHLE?

◆ Gartref neu mewn gwesty neu mewn neuadd?

Mae'r lleoliad yn dibynnu ar eich cynlluniau bwyd. Ai *buffet* neu bryd wrth ford sydd i fod a sawl un sy'n dod. Y peth cyntaf i'w wneud yw bwcio'r lleoliad.

Os ydych yn golygu defnyddio *marquée* mae angen gardd ddigon mawr i ddal *marquée* addas i'r nifer gwesteion. Bydd angen cynllun tywydd gwlyb ac un tywydd braf. Efallai y bydd angen 'awning' o'r tŷ i'r *marquée*.

Sicrhewch fod gennych ddigon o gadeiriau a llestri a chyllyll a ffyrc a gwydrau. Gellir benthyg gwydrau o'r 'off licence' lleol gan sicrhau cyn y diwrnod fod digon ar gael.

ARLWYWYR PROFFESIYNOL

Rhaid i chi gytuno ar fwydlen a hefyd beth sydd i'w gynnig i lysieuwyr a rhai sy'n cadw at ddeiet. Dylech gadarnhau'r y trefniadau mewn llythyr, ynghyd â'r trefniant ynghylch pwy sydd i weini'r *buffet*, y diodydd a'r pryd bwyd, y pris, y tip a'r TAW. Os ydych yn penderfynu ar *buffet* cofiwch y bydd y rhai oedrannus ymysg y gwesteion yn dymuno eistedd. Gall hyn fod yn wir hefyd am y rhai iau. Mae'n werth cofio hefyd y bydd angen man eistedd ar y rhai sy'n cymryd rhan flaenllaw adeg cynnig llwnc destun ac yn ystod yr areithio.

ARLWYO GARTREF

Gellir trefnu cwmni arlwyo a ddaw bore'r briodas a phopeth yn barod. Os chi sy'n darparu llieiniau bord a blodau ffres neu sych, rhaid iddynt fod yn barod cyn i'r arlwywyr gyrraedd. Ar y llaw arall, gellir trefnu'r bwyd gyda help teulu a ffrindiau a chymdogion dim ond bod rhewgell a rhewydd digon mawr i ddal yr holl fwyd. Dywedir fod angen 15 i 20 eitem o fwyd i bob gwestai wrth drefnu *buffet*.

DIODYDD

Yn ôl y gwybodusion, y rheol wrth archebu gwin yw sicrhau hanner potelaid y person. Wrth gwrs, bydd hyd y wledd a'r math o fwyd yn effeithio ar faint o ddiod a yfir. Fel rheol, cynigir aperitifs cyn y pryd, fel sherry, a gyda'r pryd, win gwyn. Yn draddodiadol, champagne sydd yn cael ei yfed pan gynigir llwnc destun. Mae ambell i botel a elwir yn champange yn felys ac yn tueddu i flasu fel sebon. 'Does dim o'i le ar gynnig gwin â

swigod ynddo (*sparkling wine*). Mae rhai fel Cremant a Saumur yn debyg i champagne ond yn rhatach ac yn flasus.

Dylid darparu diodydd di-alcohol. Nid yw hyn yn golygu suddoedd ffrwythau yn unig ond gwinoedd di-alcohol a hyd yn oed ambell i gocktail â digon o ddychymyg y tu ôl iddo i'w wneud yn ddeniadol i bawb. Rhaid bod yn ofalus wrth ddewis gwin di-alcohol gan y gall fod yn felys y tu hwnt ac yn anodd ei stumogi. Mae galw hefyd am ddiodydd alcohol isel fel Kaliber a diodydd fel Diet Coke.

Gellid cynnig dŵr â swigod ynddo hefyd a dŵr soda.

Sicrhewch fod bwcedi ia ar gael. Mae diodydd oer yn llawer mwy derbyniol na rhai claear.

CROESAWU

Fel arfer, bydd trefniant wedi ei wneud i groesawu'r gwahoddedigion i'r wledd. Er y gall ymddangos yn ffurfiol, y mae'n ffordd o sicrhau eich bod yn cyfarch pawb ac yn dangos eich gwerthfawrogiad o'u presenoldeb. Bydd rhieni'r briodferch yn sefyll ym mhen blaen y rhes, rhieni'r priodfab wedyn, a'r priodfab a'r briodferch wedyn. Ambell dro, y priodfab a'r briodferch sydd yn y canol.

Os nad yw'r syniad hwn yn apelio atoch, mae'n bwysig sicrhau rhyw ffordd i gyfarch a diolch i bawb yn bersonol.

TREFNIANT EISTEDD

Gosodir y briodferch a'r priodfab ar ganol y prif fwrdd, y priodfab ar dde'r briodferch. Mae'n haws gwybod pwy yw pwy os yw ei deulu ef wrth ei ochr ef a'i theulu hi wrth ei hochr hithau.

Ar y llaw arall gallwch ddilyn y drefn draddodiadol a gwahanu'r rhieni. Dodwch fam-yng-nghyfraith y priodfab wrth ei ochr dde a thad-yng-nghyfraith y briodferch ar y dde i fam y briodferch. Dywedir fod hyn yn sicrhau sgwrs fwy diddorol gan y gellir siarad â'ch teulu eich hunan gartref. Mater o farn yw hyn. Trefnwch y byrddau fel y gwelwch chi sydd orau. Ar y prif fwrdd hefyd y mae'r gwas priodas yn eistedd, ynghyd â'r morynion. Gan amlaf, gosodir cardiau ar y byrddau i dangos lle mae pawb i eistedd.

Wedi i bawb eistedd, y mae'n bur debyg y bydd Meistr y Seremoni neu'r gwas priodas yn gwahodd gweinidog neu offeiriad, os oes un yn bresennol, i ofyn bendith. Dylid holi sut i gyfarch y person hwn. Ai fel Y Parchedig neu Yr Esgob neu Mr neu Mrs.

Y rhai sy'n eistedd ar y prif fwrdd sy'n derbyn eu bwyd gyntaf neu'n codi gyntaf i gasglu bwyd o'r *buffet.*

Y DEISEN

Mae gwreiddiau'r deisen yn nefodau ac arferion priodasol llawer diwylliant ac yn ymwneud â ffrwythlondeb. Felly hefyd y traddodiad o daflu conffeti.Mae sôn mewn ambell ddiwylliant am friwsioni teisen a'i gollwng am ben y briodferch. Yn yr Alban ers slawer dydd briwsionid teisennau ceirch dros ei phen.

Yn Rhufain gynt, rhennid teisen seml a wnaed o halen, dŵr a bara gwenith. Datbygodd hon yn deisen ffrwythau sbeis ym Mhrydain.

Defnyddid teisen yn seremonïau priodasol llwythau America ac ar Ynys Fiji.

Mae i deisen briodas draddodiadol dair neu bum haen yn gorffwys ar golofnau a gosodir pâr priodasol bychan neu flodau ar yr haen uchaf. Gellir archebu teisen addas i lysieuwyr. Ceir teisennau crwn, sgwâr a siap calon a bydd llawer yn dewis lliwiau arni i gyd-fynd â thema'r briodas. Blaswch y deisen i sicrhau ei bod o ansawdd da. Mae'n arfer cadw rhan helaeth o'r deisen i'w dosbarthu i'r rhai a fethodd ddod i'r briodas, yn arwydd o ddiolch am anrhegion ac yn arwydd o ewyllys da. Bydd rhai yn cadw darn o'r deisen yn y gobaith y cânt ei defnyddio adeg bedydd ei baban cyntaf.

Mae pwysigrwydd arbennig i'r arfer o dorri'r deisen. Mae'n arwyddo undod newydd y pâr priodasol ac y mae i helpu hwyluso cenhedlu plentyn a'i eni.

YR AREITHIAU

Nid yw'n hawdd penderfynu pryd i ddechrau ar yr areithio. Wedi i'r pryd bwyd orffen, ac ar ôl torri'r deisen a'i dosbarthu ac i bawb gael coffi neu de, gellir galw ar Feistr y Seremoni neu ar y gwas priodas i gyhoeddi dechrau'r areithio.

Y cyntaf i siarad yw tad y briodferch neu un sydd yn ei gynrychioli. Daw'r araith i ben wrth iddo gynnig llwnc destun i'r briodferch a'r priodfab.

Tro'r priodfab yw hi wedyn. Dylid fod wedi paratoi'r araith a'i hymarfer a pheth call yw ei darllen hi'n uchel i chi'ch hunan er mwyn cael rhybudd o'r mannau lle mae tuedd i faglu. Gwnewch nodyn o enwau pobl gan fod tuedd i anghofio enwau y bobl mwyaf cyfarwydd pan ydym yn bryderus. Wedi i chi setlo arni gwell cadw ati fel y bwriadwyd. Mae tuedd ynom i ddweud pethau carlamus dan straen a than ddylanwad gwydriad. Siaradwch yn araf gan fod nerfusrwydd naturiol yn ein hannog i ruthro ymlaen. Daw'r araith i ben gyda llwnc destun i'r morynion. Os yw'r briodferch yn dymuno dweud rhywbeth, dylai wneud hynny cyn y llwnc destun a gall y ddau wedyn gynnig hwnnw gyda'i gilydd.

Y gwas priodas sydd yn siarad nesaf a hynny, i fod, ar ran y morynion. Dylid paratoi'r araith o flaen llaw a pheidio ag ymddiheurio drosti. Cawsoch wahoddiad gan y priodfab a safle arbennig yn ei briodas. Siaradwch yn hyderus a hapus gan guddio felly unrhyw nerfusrwydd posibl. Mae'n bosibl y byddwch am ddweud jôcs am y priodfab. Cofiwch fod ei deulu-yng-nghyfraith yn bresennol yn y wledd ffurfiol hon a bod beth sy'n sobor o ddoniol pan ydych gyda'r bois dros beint yn y clwb yn cwympo'n fflat yn y cwmni priodasol ac yn achos embaras mawr. Eto, efallai mai dyna yw eich bwriad. Os byddwch yn mynd dros ben llestri, cydymdeimlo â'r priodfab bydd y gwesteion.

Mewn gwleddoedd anffurfiol nid oes rheidrwydd ar neb i areithio ond mae'n bur debyg y ceir rhywrai brwd yn galw 'Speech! Speech!' a gwell fyddai i'r priodfab a/neu'r gwas baratoi rhywbeth byr, yn bennaf i ddweud diolch wrth bawb am ddod ac i werthfawrogi'r achlysur.

Cynhelir dawns neu barti gyda'r nos mewn rhai achosion.

YMADAEL

Bydd rhai yn cadw at y ddefod o adael man y wledd mewn car y bydd rhai gwesteion wedi ei addurno'n addas. Bydd y briodferch wedi newid ei dillad a'r priodfab yntau yn gwisgo'n fwy anffurfiol.

Mae'r foment hon yn llawn sumboliaeth a dylid ei ddathlu gyda digon o hwyl a sbort a pheth wmbredd o sŵn a chwifio dwylo. Yn draddodiadol, bydd y briodferch yn taflu ei thusw i ganol y gwesteion a rhoir cryn sylw i'r ferch fydd yn ei ddal gan y tybir gan rai mai hi fydd yn priodi nesaf.

DIOLCH

ANRHEGION DIOLCH

Dewiswch anrhegion i'r gwas priodas, y morynion a mam y briodferch.

LLYTHYRON DIOLCH

Gwnewch restr o enwau a chyfeiriadau'r rhai gyflwynodd anrheg i chi ar eich priodas. Mae'n bwysig eich bod yn cydnabod y rhoddion hyn trwy nodyn neu lythyr. Gellir fod mor syml â hyn :

> Annwyl John a Mary,
> Diolch o galon i chi am eich anrheg hyfryd ar achlysur ein priodas. Cawsom ddiwrnod i'w gofio ac y mae caredigrwydd cymaint ohonoch wedi bod o help mawr i ni.
>
> Dioch yn fawr,
> Emyr a Siân.

BETH WEDYN?

Gobeithio y cewch chi hwyl wrth baratoi eich priodas, un o'r diwrnodau hyfrytaf yn eich bywyd.

Gobeithio y cewch lonydd gan deulu a ffrindiau i baratoi'r briodas ac y bydd yn un sy'n dwyn atgofion llawen i chi a'ch priod wrth edrych yn ôl arni.

Mae llawer yn byw fel pâr priod cyn y briodas y dyddiau hyn ond nid yw hynny o reidrwydd yn tynnu oddi ar bwysigrwydd priodas. Nid rhoi trwydded inni gael cyfathrach rywiol â'n cariad y mae priodas (er y gallwch gredu mai dyna yw o wrando ar y nonsens di-chwaeth a glywir yn aml mewn gwleddoedd priodas).

Wrth briodi, y mae dau yn addo'n ddifrifol yng ngŵydd tystion ac yn aml gerbron Duw ei hunan i gyd-fyw ac ymroi yn unig i'w gilydd yn rhywiol ac ysbrydol, i gynnal ei gilydd, i rannu bywyd yn ei holl amrywiaeth. Golyga hyn yn aml roi lle a gwneud cartre i blant a chreu aelwyd groesawgar sy'n meithrin cyfeillgarwch o fewn y gymuned.

'Does neb yn dweud fod yr addewidion a wneir yn hawdd eu cadw a menter fawr yw addo ceisio cyd-fyw gweddill ein hoes ag un a allai arddangos elfennau digon rhyfedd wrth i'r blynyddoedd fynd yn eu blaen.

Medd Nat King Cole ar gân:

"When I fall in love, it will be for ever."

Ond beth pe bai'r hen ymadrodd hwn yn dod yn wir yn ein hanes?

Ma' brân i bob brân, ond wir Dduw
Ma' Wil, 'y 'mrawd wedi cal gwdihw.

Beth wnawn ni o ddarganfod hynny?

Rhoi'r ffidl yn y to a chwilio am frân arall?

Beth wnawn ni pan fo dadleuon yn codi dros brinder arian a sut i'w wario ac ansicrwydd yn tyfu wrth i ddau fynd yn hŷn os nad ydynt mor ddeniadol bellach ag oeddent yn eu bri?

Fe ddaw straen i bob priodas a bu'n ffactor erioed.

Rhaid gochel manteisio ar ein gilydd a defnyddio'r briodas i'n hamcanion ni yn unig. Mae priodas dau arbennig fel pelydryn amryliw yn taenu golau ac yn cyffwrdd yn annileadwy â bywydau cymaint - yn blant a theulu a chymdogion a chyd-weithwyr, yn wir, cymdeithas gyfan.

Mangre odidog yw priodas dda i ddau berson dyfu ac aeddfedu ac o fewn y cyswllt yna, caiff plant feithrinfa nad oes mo'i thebyg.

O'i mewn yn aml gwelir rhai'n gwneud lle i groesawu aelodau hen a muscrell y teulu pan fo angen cefnogaeth ar y rheiny.

Yn wir, mae posibiliadau priodas dda yn ddihysbydd o geisio'n ddyfal ddilyn ysbrydoliaeth yr Apostol Paul:

Y mae cariad yn hirymarhous;
Y mae cariad yn gymwynasgar;
nid yw cariad yn cenfigennu, nid yw yn ymffrostio,
nid yw'n ymchwyddo.
Nid yw'n gwneud dim sy'n anweddus,
nid yw'n ceisio ei ddibenion ei hun,
nid yw'n gwylltio,
nid yw'n cadw cyfrif o gam;
nid yw'n cael llawenydd mewn anghyfiawnder....
Y mae'n goddef i'r eithaf, yn credu i'r eithaf,
yn gobeithio i'r eithaf, yn dal ati i'r eithaf.

Gallwn ddefnyddio un o benillion Ann Griffiths fel gweddi i gryfhau'n perthynas briodasol:

Gwna ni fel pren planedig , O ein Duw,
Yn ir ar lan afonydd dyfroedd byw:
Yn gwreiddio ar led, a'i ddail heb wywo mwy,
Yn ffrwytho dan gawodydd dwyfol glwy'.

Does ryfedd i lawer drwy'r oesoedd weld priodas fel rhodd gan Dduw ei hunan, wedi'i hordeinio ganddo, ac yn sanctaidd.

Efallai mai dyna pam y byddwn yn llefain mewn oedfa briodasol. Crio, nid am fod y ferch yn sobor o hardd ond am fod gobaith i Dduw ei hunan chwarae rhan ym mywydau dau sy'n golygu cymaint i'w rhieni a'u ffrindiau a'r gymdeithas.

Cyfoeth, nid yw ond oferedd.
Glendid, nid yw yn parhau.
Ond cariad pur sydd fel y dydd
Yn para tra bo dau.